AF399367

MAGNUS GUNNARSON

DIE NEUEN LEIDEN DES JUNGEN MAGNUS

Menschen in Grenzsituationen

Bibliografische Information
der Deutschen Nationalbibliothek:

Die Deutsche Nationalbibliothek
verzeichnet diese Publikation in
der Deutschen Nationalbibliografie.
Detaillierte bibliografische Daten
sind im Internet über
http://www.d-nb.de abrufbar.

© 2015 novum Verlag

ISBN 978-3-99048-334-3
Lektorat: Yvonne Kramelhofer
Umschlagfoto: Auris | Dreamstime.com
Umschlaggestaltung, Layout & Satz:
novum Verlag

Gedruckt in der Europäischen Union
auf umweltfreundlichem, chlor- und
säurefrei gebleichtem Papier.

www.novumverlag.com

Der Sinn des Lebens besteht darin, Kinder in die Welt zu setzen,
damit die sich Gedanken über den Sinn des Lebens machen können.

Magnus Gunnarson

Diese Aussage ist nicht so zu verstehen, die Frage nach dem Sinn des
Lebens auf die Kinder abzuwälzen, sondern jeder soll sich in diesem Fall
als Kind betrachten auf der Suche nach dem Sinn des Lebens!

Dieses Buch ist meinen guten Eltern gewidmet,
besonders meiner Mutter,
die sich immer wieder die Zeit nahm
und die Geduld aufbrachte, mir zuzuhören.

DIE NEUEN LEIDEN DES JUNGEN MAGNUS

Es geschah Mitte Oktober 1994. Zu dieser Zeit war ich wegen starken Konzentrationsstörungen die dritte Woche krankgeschrieben, aber der eigentliche Grund war mein Geisteszustand, ich hatte Halluzinationen, was allerdings niemand wusste. Diese paranoide Psychose, so genannt, wie ich später erfahren sollte, entwickelte ich bereits im März dieses Jahres während einer Fahrt mit dem PKW von der CEBIT in Hannover nach Augsburg. Während dieser Fahrt sah ich des Öfteren Lichtblitze, weswegen ich meinte, „geblitzt" worden zu sein. In den darauf folgenden Monaten hörte ich öfters Geräusche, wie z.B. das Knacksen eines Fensters, welche aber zu oft hintereinander auftraten als normal. Dann begann ich das Knacksen auf eine gedanklich gestellte Frage mit „Ja" als Antwort zu interpretieren. Ungefähr ein bis zwei Monate vor der Krankschreibung hörte ich dann erstmals Stimmen und hatte auch beginnend optische Halluzinationen, Stimmen und Bilder in Einklang, sodass diese nicht als Halluzinationen erkennbar waren und nur durch ihre Inhalte als seltsam anmuteten, so beispielsweise: Ich verlasse einen Laden und drehe mich noch einmal um, da sehe und höre ich, wie die eine Bedienung zur anderen sagt: „Des war des Arschloch!"

Aber zurück zur Zeit meiner Krankschreibung.

Die Halluzinationen wandelten sich in religiöse Inhalte, Stimmen von Gott und vom Teufel, welche Gericht hielten über mein bisheriges Leben.

Ich unterhielt mich mit den Stimmen, obwohl ein Christ ja nicht mit dem Teufel kommunizieren darf. Damals verfiel ich in ständiges Beten, um mir Erleichterung zu verschaffen.

Dann kam ich auf die Idee, einen Priester um Rat zu fragen; so fuhr ich also zu dem Marienwallfahrtsort Maria Vesperbild und wartete auf einen Pater, welcher gerade eine Messe abhielt.

Ich konnte ihm nichts von den Halluzinationen sagen, da die Stimmen mir das verboten hatten, aber ich sagte ihm, ich hätte mit dem Teufel gesprochen, worauf dieser mich ermahnte, als Christ dies nicht tun zu dürfen. Er meinte dann, ich könne ja, falls ich Zeit und Geld hätte, nach Lourdes fahren, um Buße zu tun.

An dieser Stelle möchte ich noch erläutern, dass Lourdes ein berühmter Marienwallfahrtsort in den Pyrenäen ist (Süd-Frankreich).

Dort ist der 15-jährigen Müllerstochter Bernadette Soubirous 18 Mal hintereinander in der Grotte von Massabielle Februar bis Juli 1858 die Muttergottes erschienen. Das Wasser, welches von dieser Grotte kommt, soll heilende Kräfte besitzen, der Grund, warum 5 Millionen Pilger, zumeist kranke Menschen, jedes Jahr diesen Ort besuchen.

So manifestierte sich also die Absicht nach Lourdes zu fahren, bis mir an diesem Sonntag die Stimmen befohlen hatten, dies zu tun. So fasste ich also Hals über Kopf ohne irgendeine Planung den Entschluss zu fahren, allerdings wusste ich nicht, ob mit dem PKW oder dem Zug, weswegen ich die Stimmen befragte; sie rieten mir zum Zug, worauf ich sofort die Bahn in Augsburg anrief, um die Abfahrt des nächsten Zuges nach Lourdes zu erfragen und auch bezüglich der nötigen Reservierungen.

Meine Mutter, die inzwischen vom sonntäglichen Kirchgang zurückgekehrt war, packte mir unter Protest, sie wollte mich nicht fahren lassen, meine rote Reisetasche. Mein Bruder aber, der zu dieser Zeit seine zukünftige Frau kennengelernt hatte und weswegen ich derzeit zu ihm ziemlich wenig Kontakt hatte, überredete meine Mutter mit den Worten, dass ich alt genug sei.

Auch mein Vater war gemischter Gefühle, fuhr mich dann aber doch nach Augsburg.

Um 21.45 Uhr sollte der Zug nach Lourdes ab Augsburg Hauptbahnhof abfahren, er kam aber mit zehnminütiger Verspätung an. Am Bahnsteig verabschiedete ich mich von meinem Vater, der mir noch alles Gute wünschte, griff meine rote Reisetasche und bestieg den Zug, der mich in die Ungewissheit führen sollte. Meine Eltern ließen mich fahren, da sie bis dahin keine gravierenden Veränderungen in meinem Verhalten feststellten. Sogleich kamen mir zwei ca. 30-jährige Männer entgegen, die durch ihren lauten Ton auffielen und allem Anschein nach angeheitert waren. Sie fragten mich auf Englisch, ob ich der englischen Sprache mächtig wäre. Nachdem ich ihnen dann in Englisch geantwortet hatte, beschwichtigten diese mich auf Deutsch, was nach deren Gelächter mich in der Annahme eines gelungenen Scherzes bestätigte.

Ich ging unverzüglich zum Schlafwagenschaffner in der Hoffnung noch einen freien Platz in einem Schlafwagenabteil zu ergattern, da aufgrund meiner überstürzten Abreise keine Reservierung diesbezüglich mehr möglich war. In dem mir zugeteilten Abteil waren bereits ein Mann mit seiner kleinen Tochter. Es waren beiderseits drei Liegen übereinander, wobei ich die oberste Liege rechts zugeteilt bekam. Unter mir lag der Mann und ihm gegenüber seine kleine Tochter.

Dann wurde ich wieder mit einem paranoid-halluzinatorischen Schub konfrontiert. Damals wusste ich noch nichts von dieser Krankheit, da die meisten optischen und akustischen Halluzinationen derart in Einklang waren und dadurch eine für den Betreffenden absolute Realität darstellen, die nur durch die Inhalte befremdlich anmuten und eben nur auf diese Weise als solche erkennbar sind. Da ich mit dieser Krankheit schon seit Längerem behaftet war, traten auch Stimmen und in gleichem Maße auch Geräusche ohne optische Effekte auf, was ich auf besondere parapsychologische Fähigkeiten als eine Art Auserwählter zurückführte. Es gab gute und böse Stimmen. Der Gute hatte eine beruhigende väterliche Stimme, die mich immer ermahnte: „Bua, dua beta!" Ich war damals völlig im Bann dieser Stimmen. Sie reagierten in erstaunlicher Weise auf meinen Gefühlszustand und kommentierten und kontrollierten sämtliche Absichten und Handlungen, was zu einem immer stärker werdenden Krieg in meinem Kopf führte, der seinen Höhepunkt in Lourdes finden sollte.

Als ich mich hingelegt hatte, ausgerüstet mit meinem silbernen, geweihten Kreuz, welches ich an einer Kette um den Hals trug, und einem liturgischen Gemeindetext, wurde mir eine Fahrstuhlszene vorgegaukelt (aber nur akustisch) und ich nahm den Kampf erneut auf. Ich befand mich quasi in einem Fahrstuhl zwischen Himmel und Hölle (meine Seele). Der Fahrstuhl war überlaut zu hören und deutlich konnte ich im leiser werdenden Geräusch die Fahrtrichtung nach unten erkennen. Damals schwirrte mir dauernd der Begriff Wichser durch den Kopf, und immer, wenn ich dieses Wort dachte, ruckte der Fahrstuhl an und fuhr ein Stück nach unten. Ich wollte auf keinen Fall in die Hölle (ich dachte dieses Wort immerzu, obwohl ich es nicht wollte), da sagte der Gute zu mir, ich dürfe genau 10 Minuten lang dieses Wort nicht denken, dann wäre ich gerettet, was ich aber nicht durchhielt. Und so fuhr ich, mein Kreuz umklammernd und immer wieder betend, weiter Richtung Hölle, bis schließlich der Fahrstuhl unten angelangt war. Ich hörte schon die Höllengesellen an der noch geschlossenen Tür schaben und flehte unter lautem Schluchzen und Heulen zu Gott, dass er mich nicht verdammen möge und mir noch eine Chance gebe. Da meldete sich wieder der Gute und bestärkte mich im Beten und so fuhr der Fahrstuhl wieder etappenweise nach oben. Nach Stunden des Kampfes und der Verzweiflung schlief ich dann irgendwann ein.

Der Schlafwagenschaffner weckte mich unsanft und gab mir meinen Ausweis zurück. Dies sollte bis Donnerstagnacht mein letzter Schlaf gewesen sein. Als ich mich von dem fremden Mann verabschiedete, antwortete mir dieser nicht (wahrscheinlich hielt er mich für verrückt anhand von dem, was er mitbekommen hatte). Ich ging in den Waschraum und putzte mir die Zähne. Ich erschrak furchtbar durch das sehr laute Geräusch von Pistolenschüssen direkt neben meinem Kopf mit der Auflage, dass diese Schüsse mich nur dann töten würden, wenn ich daran glaubte, dass diese eben dies könnten.

Als ich die Tür des Waschraums öffnete, sah ich, dass der Zug schon in Paris Ost gehalten hatte und ich mich mit dem Aussteigen sehr beeilen musste. Um meinen Anschlusszug zu erreichen, bedurfte es einer Fahrt mit der Pariser Metro.

Er sprach mir ständig dazwischen: „Des schaffsch du so net!“, „Mensch, beeil di!“, „Mei, bisch du bled!“, „Kennsch di net aus, ha?“ Als ich, nachdem ich meine Haltestelle verpasst und bis zur Endstation gefahren war, eine hilfsbereite Studentin mit Deutschkenntnissen gefunden hatte, meldete er: „Mei Bua, du hasch mehr Glück als Verstand!" Nachdem diese mir erklärt hatte, wie ich zu meinem Anschlusszug gelangen würde, machte ich mich auf den Weg. Als ich ankam, war dieser Zug, bei dem ich eine Platzreservierung gehabt hätte, aber schon abgefahren und so musste ich mein Ticket durch einen Preisaufschlag auf einen späteren Zug erweitern.

Dabei handelte es sich um eine Zugverbindung nach Lourdes mit Umstieg in Bordeaux.

Auf der Fahrt nach Bordeaux hatte ich wieder mit Attacken zu kämpfen. Ich würde nur dann nicht in die Hölle kommen, wenn ich noch Gefühle zeigen, d.h., wenn ich den Mitreisenden etwas vorheulen könnte, und das hatte ich auch zur Genüge getan. Vor meiner Fahrt nach Lourdes hatte ich einmal gedacht, uralte Übel sollten über die Welt kommen. Tags darauf brachten sie in den Medien, dass die Pest in Indien ausgebrochen sei. Darauf kam ich zu dem Schluss, dass alles Negative, was ich dachte, in Erfüllung gehen würde.

Somit hielt ich mich für schuldig am Ausbruch der Pest in Indien. Dies brachte ich auch zum Besten auf der Fahrt nach Bordeaux, und zwar unter ständigem Flennen. Daraufhin sagte mir eine Mitreisende, welche mein Ticket gesehen hatte und somit wusste, dass ich nach Lourdes fahren würde: „You cannot go to Lourdes with that strange in your heart!"

Derartige Attacken begleiteten mich auf dem ganzen Weg nach Lourdes.

In Bordeaux hatte ich zwei Stunden Aufenthalt und so verstaute ich nach langem Fragen über die Bedienung und Benutzungsdauer meine Tasche in einem Bahnhofschließfach.

Danach machte ich mich auf zu einer kurzen Stadtbesichtigung mit anschließendem Restaurantbesuch. In einem großen Park wurde ich wieder heimgesucht von dem Bösen in Form einer mächtigen, laut schallenden, aus zehn Meter Höhe zu kommenden, furchterregenden und sich immer wiederholenden Stimme, der ich nur durch lautes Rosenkranzbeten einigermaßen Einhalt gebieten konnte, die sagte: „Magnus, Du sollst mich anbeten!"

Anschließend beförderte mich der Ober in dem Restaurant, in das ich zwischenzeitlich eingekehrt war, zur Tür und schubste mich davon, nachdem ich mich ohne vorherige Frage blitzschnell zu fremden Leuten an einen Tisch gesetzt hatte, obwohl ein Großteil der Tische noch frei war. Ich hatte von den Stimmen den Befehl erhalten, mich zu diesen Leuten zu setzen. Danach ging ich wieder hungrig zum Bahnhof, setzte meine Reise fort und erreichte um 18.00 Uhr Lourdes. Dies stellte sich jedoch als Problem heraus, da mir die Stimmen sagten, dass ich unter keinen Umständen in Lourdes aussteigen dürfte, da ich das Böse mit mir brächte und damit heiligen Boden entweihen würde, ja ich würde sogar tot umfallen, wenn ich dies täte.

Ich hatte aber meiner Mutter versprochen, einen Kanister mit „Lourdeswasser" mit nach Hause zu bringen und somit ging ich das Wagnis ein und stieg aus. Die Stimmen hatten mir angeraten, lieber einen Kanister voll Leitungswasser zu füllen und weiterzufahren, als in Lourdes zu verweilen.

Ich kam aber vorläufig nicht weiter als bis zur Eingangshalle des Bahnhofs, da sich bei dieser Tür der Fahrstuhl zur Hölle befand. Denn ich kam auf die Idee, dass das Böse direkten Zugang zu Lourdes hätte. Durch meine gedanklichen Kommandos „Fahrstuhl rauf" bzw. „Fahrstuhl runter" konnte ich diesen Fahrstuhl hörbar in Bewegung setzen. Dieser Fahrstuhl war noch nicht ganz nach unten gelangt, erst durch meine ständigen,

nicht zu unterdrückenden Gedanken. „Spiel net mit dem Aufzug rum!“, sagten die Stimmen. Da hörte ich, wie der Aufzug unten ankam und der Teufel hinein stieg, in der Absicht
zur Erde hochzukommen. Da geriet ich in Panik. „Mensch,
du holsch n Deifel aufd Weld!“, kommentierten die Stimmen
und ich befahl mental die Rückfahrt des Aufzugs nach unten.
Immer, wenn ich mich von der Tür entfernt hatte, setzte sich
der Aufzug wieder von allein nach oben in Bewegung und
ich musste eiligst zurück, um das Kommando zum Nachuntenfahren zu geben. Nach einer Stunde fielen mir zwei
Obdachlose in der Eingangshalle auf, ein besser gekleideter
und ein schlecht gekleideter. Daraufhin sagte der Gute, dass
der besser gekleidete zu uns gehöre und den Fahrstuhl bewache, der andere aber zum Bösen gehöre und auf die Ankunft des Teufels warte. Einer dieser Herren zeigte mir, wie
sich auf einfache Weise die Eingangstür öffnen lasse und wie
man hinausschreiten könne, da er mich anscheinend beobachtet
hatte, wie ich nach halbem Öffnen dieser Tür immer wieder
zurückgegangen war.

Als der Aufzug nicht mehr zu hören war, ging ich von dannen
und suchte mir in der Nähe des Bahnhofs ein Hotel, wo ich
ein Zimmer für drei Tage bezahlte und in Besitz nahm.

Anschließend ging ich in ein nahegelegenes Restaurant,
wo ich zur Verblüffung des Wirts eine Maß Bier und ein
Baguette mit Schinken bestellte (eine Maß Bier ist hier nicht
ortsüblich).

Danach ging ich zu Bett, wurde aber von den Stimmen
drangsaliert:

„Du muasch die Leit wecka, du bisch a Beaser, dia Leit
solla di zur Grotte bringa und derschlaga, nur so kommsch
in da Himmel!“ Daraufhin drosch ich gegen die Türen der

anderen Hotelgäste, weckte damit die meisten auf und zeigte ihnen meine an die Stirn gelegten Hände mit gespitzten Zeigefingern, welche Hörner darstellen sollten und schrie: „I bin der Deifel, ihr miasts mi zur Grotte bringa und derschlaga!"

Natürlich verstand mich niemand und die Hotelchefin schmiss mich hinaus. Ein Gast des Hauses folgte mir, redete auf mich ein und wollte mich festhalten, worauf ich in die Nacht floh (und das Ende Oktober ohne Jacke, meine Sachen waren noch im Hotel). Bei der Auseinandersetzung mit dem Mann fiel mir auf, dass nach vielleicht drei Sätzen französisch dieser übergangslos begann, in Deutsch auf mich einzureden und mich anzuschreien. Dabei änderte sich weder die Stimmlage noch die Synchronisation zwischen den Lippenbewegungen bzw. dem Schließen und Öffnen des Mundes und den zugehörigen Worten. Der Sinn der Worte war bei diesen Phänomenen immer situationsbezogen, wie es sich von da an bei vielen weiteren Gelegenheiten zeigte. Derartige opto-akustische Halluzinationen bestachen durch absolute Echtheit, beim Hören auch in Bezug auf Richtung und Lautstärke. An einem freien gepflasterten Platz gegenüber einer großen Kirche, der zu einem späteren Zeitpunkt noch von besonderem Interesse sein würde, hielt ich mich betend (durch das stundenlange Beten konnte ich nicht mehr reine Gebete sprechen, sondern sagte: „Im Namen des Katers", usw.) und von den Stimmen gebeutelt die ganze Nacht auf, bis ich dann am Dienstag gegen 8.00 Uhr in die Nähe des Hotels zurückging und mich auf einer Parkbank niederließ.

Bei meinen Rundblicken von dem Park aus sah ich hinter einem Fenster in einem nahegelegenen Gebäude Menschen ohne Gesichter mit einer rüsselförmigen Nase. Immer wenn ich meinen Blick in diese Richtung lenkte, sah ich diese

Szene. Nach einiger Zeit kamen Gruppen von Menschen von links aus Richtung Hotel in etwa 50 Metern Entfernung an mir vorbei, welche zu mir hochschauten und mir zuriefen, ich solle mich in dem Hotel nicht mehr blicken lassen. Auch war davon die Rede, dass man mich dort totschlagen wolle. Und alle, die vorbeikamen, erzählten sich gegenseitig, was ich letzte Nacht in dem Hotel angestellt hatte.

Aber ich musste ins Hotel, um meine Sachen zu holen, außerdem war der Weg am Hotel vorbei der einzige zum Bahnhof. Gegen Mittag nahm ich meinen ganzen Mut zusammen und machte mich auf den Weg Richtung Hotel, obwohl der Gute mit sinkender Distanz immer lauter aufbegehrte: „Bua, hau ab, dia derschlagen di!" Im Hotel angekommen gestikulierte die Empfangsdame wild auf mich ein, ich stürzte aber hoch in mein Zimmer, packte meine Sachen und floh aus dem Hotel. Danach ging ich zum Bahnhof und fuhr von dort mit einem Taxi zur Grotte.

Dort angekommen stellte ich nach einer Weile meine rote Tasche ab, da sie mir zu tragen schwer fiel und ging in eine Krypta. Ich sah die zahlreichen Kerzen unnatürlich flackern, wie wenn jemand daneben ständig versuchte, diese auszublasen. Danach ging ich in die große Basilika. An der Decke dieser Kirche sah ich überall kleine Engel, welche mein Gesicht trugen. Während des Aufenthalts in dieser Umgebung hatte ich relativ wenige Halluzinationen. Da die Stimmen mir sagten, ich „Böser" sei hier nicht willkommen, fragte ich vor Betreten der Basilika einen Mönch auf Englisch: „Am I welcome?", worauf dieser mir antwortete: „You are welcome!" Diese Antwort verstärkte meine Euphorie, die ich in dieser Umgebung verspürte. Nach Verlassen der Basilika wollte ich meine rote Tasche wieder holen, welche aber logischerweise nicht mehr da war. Sie war als Fundsache abgegeben worden und dort konnte ich sie auch wieder abholen.

Im Laufe dieses Nachmittags nahm ich noch an einem überaus langen Kreuzweg teil mit lebensgroßen goldenen Figuren, nur das heilsame Wasser von Lourdes konnte ich nirgendwo finden.

Inzwischen war es Abend geworden und ich verließ das Gelände. Da ich am Taxistand kein Fahrzeug sah, versuchte ich mit einem Bus zum Bahnhof zu fahren, bestieg aber einen Reisebus, aus dem ich höflich hinausbefördert wurde. Aufgrund der großen Zahl der Busse konnte ich den öffentlichen Bus nicht ausfindig machen und beschloss, wegen eines Hungergefühls ein Restaurant aufzusuchen. Gestärkt durch einen Kaffee und ein Gebäckstück verließ ich das Restaurant. Ständig sagten mir die Stimmen, was ich zu tun und zu lassen hätte, dass ich die Bedienung anlächeln müsse usw. Als es dunkel wurde, sah ich viele Menschen mit Kerzen ausgerüstet in Richtung Wallfahrtsgelände gehen. Auf Befehl der Stimmen stellte ich mich am Eingang mit der Auflage auf, durch ein Lächeln meinerseits ein Lächeln der an mir vorbeigehenden Personen zu erwirken. Als nach etwa einer halben Stunde niemand mehr kam, ging ich ebenfalls hinunter zu der Lichterprozession. Nach dem Ende der Prozession stieg meine Verwirrung durch die ständigen Halluzinationen um ein Wesentliches.

Begleitet von einem gewaltigen Böllerschuss kam ich zu der Erkenntnis, dass ich weder in den Himmel noch in die Hölle käme, sondern Gott und der Teufel sich darauf geeinigt hätten, dass ich mir jede x-beliebige Frau aussuchen und mit ihr die Nacht verbringen könne. Es waren kaum noch Menschen auf dem Gelände.

Da kam von links eine junge Frau an mir vorbei, welche ich an der Schulter anfasste und höflich fragte: „Schlof mer zam?", worauf sie mir erwiderte, dass sie mit ihrem Freund hier wäre und dann einfach weiterging. Da kam von rechts eine hübsche Junge, anscheinend mit ihrer Oma, bei der ich in gleicher Weise verfuhr mit einem kleinen Unterschied in der Reaktion. Diese junge Frau verständigte zwei Wächter, von denen der eine mich fragte: „Do you know this girl?", worauf ich mit „No" antwortete. An den rot glühend, pulsierenden Bäuchen der zwei Männer konnte ich erkennen, dass es sich um Höllengesellen handelte. Obwohl ich immer wieder auf die etwas entfernt am Boden liegende Tasche deutete, zerrte mich der Mann zum Eingang hinauf und schubste mich weg. Daraufhin ging ich Richtung Bahnhof, wobei ich mich an den Schildern mit Aufschrift „Gare …" orientierte.

Nach einem langen Fußmarsch kam ich gegen Mitternacht am Bahnhof an, wo ich bis rund 4.00 Uhr auf einer Bank verweilte. Irgendwann nachts kam ein hagerer Mann zu mir, zeigte mir ein Kondom und machte mir begreiflich, dass ich mit ihm kommen möge. Zuerst dachte ich, er meine, dass ich es seiner Frau besorgen solle, aber dann begriff ich seine homosexuelle Absichten und schüttelte immer wieder den Kopf, worauf er enttäuscht abzog.

Dann begab ich mich wieder auf den gepflasterten Platz vor der großen Kirche, wo ich wieder einen starken paranoiden Schub über mich ergehen lassen musste. Als es hell wurde, sah ich auf einem 150 Meter entfernten Platz ein Fahrzeug halten, aus dem ein Sarg geladen wurde. Plötzlich war von dem Sarg nichts mehr zu sehen, dafür winkte mir eine Person, zu der ich dann ging. Ich bemerkte, zum einen, dass ich vor einem Polizeirevier stand und es mit einem Polizisten zu tun hatte, und zum anderen, dass dieser Polizist wieder einen rot glühend, pulsierenden Bauch hatte und somit ein Höllengeselle war. Dann fiel es mir wie Schuppen von den Augen, das die gesamte Polizei von Lourdes in Wirklichkeit Höllengesellen waren und somit die ganze Stadt regierten. Der Geselle führte mich ins Gebäude zu meiner roten Tasche und wollte den Empfang durch meine Unterschrift quittiert haben, worauf ich aber nicht einging, da diese Unterschrift für mich einem Gesuch zur Aufnahme in die Hölle gleichkam. Dies erboste den Beamten und er schubste mich mitsamt meiner Tasche aus der Polizeistation. Ich kann mir bis heute nicht erklären, woher die Polizei mich offensichtlich kannte, da ich auch in der Tasche keinerlei Ausweise oder sonstige Dokumente hatte. Rätsel über Rätsel!

Auch an diesem Mittwoch begab ich mich zur Grotte, ich kann mich aber aufgrund von Gedächtnislücken nicht mehr daran erinnern, wie ich an diesem Tag zum Wallfahrtsgelände kam. Ich weiß nur noch, dass ich eine Fußgängerampel benutzte, um eine Kreuzung zu überqueren. Ich musste warten, da ich Rot hatte; als ich dann Grün hatte, ging ich los. Im selben Augenblick setzte sich aber ein Auto in Bewegung, welches ebenfalls gewartet hatte.

Es konnte gerade noch kurz vor mir bremsen. So hatten mich diese optischen Halluzinationen wieder mal in eine lebensgefährliche Situation gebracht. In der Nähe des Wallfahrtsgeländes suchte ich eine Kirche auf und machte mich irgendwie verständlich, dass ich Hilfe bräuchte und einen deutschsprachigen Priester benötige.

Da in einer bestimmten Kirche die Beichtmöglichkeit für viele Nationen bestand und besteht, wählte ich den deutschsprachigen Priester und fragte ihn, wo eigentlich das heilkräftige Wasser zu holen sei, worauf er es mir erklärte. Meine eigentliche Not konnte ich dem Priester nicht mitteilen, da die Stimmen es mir verboten.

Sogleich machte ich mich auf den Weg zum Wasser und nahm es reichlich (literweise) zu mir. Was ich den restlichen Tag bis zum Abend unternahm, liegt im Dunkeln.

Abends nahmen die paranoiden Schübe überhand. Auf dem Weg zurück zum Bahnhof (zu Fuß) sah ich eine goldglänzende Himmelsleiter, Trittbrett für Trittbrett, ohne Geländer, welche in etwa 150 bis 250 Meter Höhe zu einer stattlichen Krippe mit lebensgroßen Figuren führte, welche sich bewegten. Dies brachte mich zu der Überzeugung, dass die Quelle ihr Wasser aus dieser Krippe beziehe.

Diese Halluzination konnte ich über mehrere Stunden hinweg beobachten. Dann bekam ich gesagt, dass mich, solle ich nicht bis 1.00 Uhr eine Frau aufgerissen haben, der Teufel in die Hölle holen würde, aber ich war so cool nicht auf die Uhr zu schauen. So hielt ich mein silbernes Kreuz umso fester umklammert und irrte durch die Stadt. Alle Frauen, welche an mir vorbeikamen, glichen meiner Arbeitskollegin Anja aufs Haar.

Apropos Anja: Als ich in den letzten Monaten vor Lourdes noch in der Firma gearbeitet hatte, wurde ich ständig gemobbt. Die Arbeitskollegen um mich herum machten dauernd Bemerkungen („Arschloch", „Depp") über mich, oft sprach Anja mit Kollegen darüber, dass ich entlassen werden sollte, doch im Nachhinein stellte sich heraus, dass das bereits Halluzinationen waren, welche sich aber bis zuletzt nicht auf meine Tätigkeit ausgeübt hatten.

Doch nun zurück zur Handlung:

Ich konnte dabei im Nachhinein nicht sagen, ob es sich hierbei um reale Personen handelte, welche ich „nur“ als Anja sah, oder ob es sich um reine optische Halluzinationen handelte. Diese Unterscheidung kann ich nach diesen Ereignissen auch nicht mehr treffen, bei weiteren Halluzinationen mit ganzen Pkws, bei denen eine andere Arbeitskollegin von mir am Steuer saß. Ich sah ständig einen weißen Ford Fiesta, der an mir vorbei und um mich herum fuhr, als ich mich auf einer Verkehrsinsel befand. Gegen Donnerstagmorgen um 3.00 Uhr gelangte ich zum Bahnhof und von dort zu dem großen, freien, gepflasterten Platz vor der Kirche. Dort eskalierten die paranoiden Attacken und lösten sich in einem Suizidversuch. Überall, wohin ich blickte, sah ich mich selbst, z.B. im Glockenturm dieser Kirche. Ich betete die ganze Nacht, konnte aber nicht mehr rein beten, da ich zwischendurch unsinnige und auch gotteslästerliche Gedanken hatte. Ich bekam von dem Guten die Auflage, 20 „Vater Unser“ hintereinander rein zu beten, dann wäre ich erlöst und käme nicht in die Hölle. Sobald ich einen unreinen Gedanken hatte, musste ich von Neuem beginnen. Da sah ich an derselben Stelle wieder ein Fahrzeug halten (vor dem Polizeirevier). Es wurde wie schon einmal ein Sarg ausgeladen, und als sich die Person zu mir umdrehte, erkannte ich mich selbst. Die Person, welche aussah wie ich, schleppte den schweren Sarg auf mich zu. Dies geschah in der Morgendämmerung. Deutlich war das hässliche und auch näherkommende Geräusch zu hören, wie wenn eine schwere Holzkiste über den Asphalt geschleift wird. In höchster Panik floh ich vor diesem Sarg.

Aber ich war in einer Sackgasse, da der Park an zwei Seiten, am Hang liegend, in einer annähernd fünf Meter tiefen Mauer mündete. Als ich an der Mauer hinabsah, sah ich einen Mann an der Mauer entlang ständig hin und her laufen. Der Mann hatte exakt das Gesicht des Schauspielers, welcher in dem Film „König der Könige" den Teufel verkörperte. Dieser schien nur darauf zu warten, dass ich von der Mauer in den Tod stürzte, um mich in die Hölle zu nehmen. Den Gefallen tu ich dir nicht, dachte ich mir in einem klaren Moment, obwohl der Gute es von mir forderte und ich floh in noch relativ großem Abstand zu dem Sarg in Richtung Kirche. Diese Sargszene war auch mit einer starken akustischen Halluzination verbunden, nämlich dem Geräusch eines zuschnappenden Gebisses einer Schlange, welche mich schließlich in den Nacken beißen würde. Als ich an die Kirchentür gelangte, fand ich diese, zu meinem Glück, nicht verschlossen vor. Beim Betreten der Kirche verloren die Halluzinationen zunächst an Intensität. „Wenn du es in fünf Minuten nicht schaffst, die 20 Gebete zu sprechen, dann ist der Sarg bei dir und die Schlange (der Teufel) beißt dich in den Nacken", sagte der Gute.

Und ich betete laut und unablässig, aber immer wieder falsch und der Gute sagte: „Fang von vorn an!" Ich durchschritt die Kirche, am Altar vorbei bis ganz nach links vorne und gelangte an einen Seitenaltar mit einer Art Tabernakel, auf dem eine Abbildung mit Symbolen für den Vater, den Sohn und den heiligen Geist waren.

Als ich diese Symbole berührte, ging die Intensität des Schnappens der Schlange zurück, am meisten bei Berührung des Symbols für den Vater. „Das gibt dir noch 5 Minuten Aufschub", sagte der Gute.

Trotz aller Bemühungen wurden die optoakustischen Halluzinationen übermächtig und die Schlange schien nur noch wenige Zentimeter von meinem Hals entfernt. Als dies geschah, fand inzwischen ein Gottesdienst in der Kirche statt, und ein paar Minuten zuvor hatte eine Frau an mir gezerrt und gezogen, ich solle mich doch in eine Bank begeben und dort beten. Dies teilte sie mir in Deutsch mit. Ich aber sah die Frau nicht, denn ich durfte mich nicht umdrehen, um dem Bösen nicht zu verfallen und klammerte mich an den Symbolen fest; ja ich kroch sogar auf den Altar. Meine Panik wuchs ins Unendliche und der Gute sagte plötzlich zu mir: „Bring die um, des isch die oinzige Möglichkeit, um in da Himmel zum komma, no hat di der Deifel net bissa." Da schlug ich meinen Kopf gegen die Marmorplatte des Altars, aber das wollte nicht so klappen, und so nahm ich eine Blumenvase und schleuderte diese in Richtung Hauptaltar (wohlgemerkt während eines Gottesdienstes), packte den großen gläsernen Untersetzer und schlug diesen mehrmals gegen meine Stirn, bis ich aus mehreren Platzwunden blutete und dabei das Glas in Stücke zerbrach. Eine große Blutlache bildete sich sofort auf dem Altar. Heute sage ich mehr im Scherz, ich habe Gott damals ein Blutopfer dargebracht. Daraufhin führte mich eine Frau weg von dem Ort des Geschehens in eine Bank, von wo mich dann ca. zehn Minuten später eine Ambulanz abholte.

In dieser Zeit wurde ich wieder klar, der paranoide Schub hatte sich vorläufig entladen, der Gute gab sich noch als Böser zu erkennen (da er ja meinen Suizidversuch mit herbeigeführt hatte) und ich gelangte zu der Erkenntnis, dass ich doch noch in die Hölle käme, denn mir wurde klar, dass ich ins Irrenhaus gesteckt werden würde und dass dies ja die Hölle auf Erden ist.

In der Klinik von Lourdes wurden meine Platzwunden notdürftig versorgt (ich erhielt nicht einmal ein Pflaster), nachdem mich ein Rettungswagen dorthin gebracht hatte. Ich machte das Personal in Englisch darauf aufmerksam, dass auf dem Platz vor der Kirche meine rote Tasche sei und diese zu holen wäre.

Niemand dort sorgte sich um meinen Geisteszustand und ich wurde entlassen, nachdem ein Polizist mir meine Tasche gebracht hatte. Dieser Polizist hatte ein kleines Buch, in welchem mein Name schon geschrieben stand. Außerdem zwang mich der Polizist diesmal zu einer Unterschrift. Die Tatsache der geleisteten Unterschrift einerseits und das Freilassen andererseits brachten mich zu dem Schluss, dass ich den Kampf gegen das Böse verloren hätte und nun ein Höllenknecht würde. Dann stellte ich fest, dass meine Lederjacke total blutverschmiert war und ich nur durch Reinigung mit heiligem Wasser noch die Erlösung erlangen könnte.

Ein weiteres Betreten des Wallfahrtsgeländes kam aber aus Angst erschlagen zu werden nicht in Betracht, auch nicht ein Betreten des Bahnhofs, da ich nach den Ereignissen in der Kirche glaubte, jeder in der Stadt wisse davon. Das brachte mich auf die Idee, bis zum nächsten Ort zu laufen und dort den Zug zu besteigen. Während ich den Ort verließ, machten sich wieder die Stimmen breit und ich verhandelte mit diesen meine neuen Rechte und Pflichten als Höllenknecht, doch ich hatte bei diesen Verhandlungen, welche beiderseits in Reimform über die Bühne gingen, keine guten Karten. Auch würde ich nicht mit Geld überhäuft werden, da diese Höllenknechte ja normalerweise im Glücksspiel nicht verlieren konnten. Seit ich ein Höllenknecht war, hatte ich ständig Schwefelgeruch in der Nase. Auch bellten mich alle Hunde an und an diesen versuchte ich zuerst meine neuen Fähigkeiten, nämlich unter anderem die Kontrolle über bestimmte Tiere. Ich dachte mir zu dem Hund: „Zieh den Schwanz ein und verzieh dich!" Auf einmal sah ich ihn tatsächlich winselnd rückwärts davonkriechen.

Plötzlich stellte ich am Donnerstagnachmittag fest, dass ich nicht mehr vor Ablauf der Gültigkeit meiner Rückfahrkarte zu Hause eintreffen konnte (gültig bis freitags um 23.59 Uhr). Dies brachte mich auf die Idee, es sei sowieso besser für meine Familie, wenn ich nicht zurückkehrte, da ich nur Unglück über die Leute bringen würde. Im nächsten Ort angekommen, musste ich feststellen, dass es hier keinen Bahnhof gab und auch nirgendwo Schienen verliefen. Da dachte ich mir, so lange weiterzugehen, bis ich zu einem Ort mit Bahnhof gelangen würde.

Dann stieß ich auf ein Restaurant, wo ich zwei große Kaffee und zwei Brötchen zu mir nahm. Ich hatte schon Angst, dass der Hund durch lautes Bellen, wie es alle anderen Hunde getan hatten, mich als Höllenknecht verraten würde, aber er lag ganz friedlich neben mir. Ich machte zu diesem Zeitpunkt mit den beiden großen Beulen an der Stirn auch keinen guten Eindruck, aber zum Glück war ich der einzige Gast. Als ich etwa zehn Kilometer gegangen war, es dürfte so gegen 5.00 Uhr nachmittags gewesen sein, stellte ich meine Tasche etwa 50 Meter von der Straße entfernt an einem geteerten Feldweg ab, wo ich wieder starke optische Halluzinationen erlitt. Ich ging diesen Feldweg ca. einen Kilometer entlang und dachte über meine sonderbare, noch nie dagewesene Lage nach, ich war in Endzeitstimmung.

In einem abgeernteten Maisfeld, in dem aber komischerweise noch vereinzelt Pflanzen standen, manifestierten sich, ersichtlich als Luftflimmern, die Umrisse einer baumdicken und zehn Meter langen Schlange. Die langen Maispflanzen bogen sich alle zur Seite und machten der Erscheinung Platz. Eine Stimme direkt von dieser Erscheinung war nicht zu hören, aber sie bewegte sich synchron zu mir entlang des Feldweges neben mir im Maisfeld mit; auch war dabei deutlich das Rascheln und Sich-Wegbiegen der Pflanzen zu hören und zu sehen.

War ich in Ruhe, so bewegte sich diese Erscheinung auch nicht. Die Stimmen sagten, das wäre der Teufel, den ich auf die Welt geholt hätte und dass mich dieser von nun an begleiten würde. Dann erblickte ich in einiger Entfernung bewaldete große Berge, wahrscheinlich Teile der Pyrenäen. Genauso wie in Mount Rushmore sah ich dort riesengroß mein Konterfei mit Hörnern an der Stirn, dann wieder abwechselnd meine Arbeitskollegin Anja. In diesem Moment hatte ich die Wahnidee, dass jeder auf der Welt meine Gedanken hören und dass die Welt nur dann gerettet werden könne, wenn die Anja schnellstmöglich, also mit einem Flugzeug, direkt zu mir kommen würde, denn allein ihre Liebe könnte mich und die Welt retten.

So kommunizierte ich also mit ihr und meinen Eltern.

Als es dann Abend wurde, schickte ich die Schlange, die dann tatsächlich verschwand, in den Himmel. Ich sah deutlich am Horizont eine Wolkenspur, welche von der Erde in den Himmel führte. Dann erschienen langsam die Sterne am Himmel und ich sah, jedes Mal begleitet von einem lauten Böllerschuss, wie ein Stern nach dem anderen vom Himmel verschwand und die Stimmen der Engel und aller Heiligen aufschrien und außer sich waren, weil ich die Schlange in den Himmel gelassen hatte. Des Weiteren hatte ich beschlossen, dass alle Menschen in die Hölle kommen sollten und so musste ich befürchten, dass die Menschen mich finden und nach Lourdes bringen würden, um mich dort zu erschlagen. Ich bedauerte das sehr, dass ich den Teufel in den Himmel hatte steigen lassen, denn ich hatte damals schon öfter sogenannte unreine Gedanken. Gott klagte mich an, dass ich seine Schöpfung zerstört hätte. Nach meinem Willen wäre nur ich allein auf der Erde geblieben. Als die Sterne am Himmel erloschen, geschah auch dasselbe mit den Autolichtern. Dann teilten mir die

Stimmen mit, dass heute zum letzten Mal die Sonne unter-
gegangen sei und am nächsten Morgen nicht mehr aufgehen
würde. Als diese paranoiden Schübe vorbei waren, griff ich
meine Tasche und lief in die Nacht hinein.

Ich erschrak immer wieder fürchterlich, wenn gierige Blut-
hunde mit glutroten Augen neben mir auftauchten und mich
anbellten und -knurrten. Dann erkannte ich, dass ich durch
bloße Gedanken die an mir vorbeifahrenden Autos zum
Schweben bringen konnte, wobei der Gute immer sagte:
„Bua, lass die Autos gau!"
    Dann gelangte ich zu einem Telefonmast, an dem ich
meine Seele in Form einer sich auf und ab bewegenden weißen
Flamme erkennen konnte. Dieses Szenario wurde von heftigen
Wortattacken des Guten begleitet: „Bua, dua beta!" Immer
wenn ich falsch betete, sank die Flamme und ich drohte in
eine ähnliche Verzweiflung zu gelangen wie zuvor in der
Kirche. Aber plötzlich hatte ich den Mut zu sagen: „Ach,
leck mich!" Dann ging ich einfach weiter, denn irgendwo
begann ich zu erkennen, dass dies alles nicht real war und ich
dringend Hilfe nötig hätte.

Dann gelangte ich in eine Ebene und sah am Horizont eine
hell erleuchtete Stadt, deren Entfernung ich auf etwa zehn
bis 20 Kilometer schätzte. Zu diesem Zeitpunkt war ich über
15 Kilometer gegangen und schon ziemlich erschöpft. Damals
kam mir die ganze Zeit über der Teufel in den Sinn, obwohl
ich das krampfhaft zu verhindern versuchte. Da kam ich auf
die Idee zu stoppen und ausgerechnet ein Polizeiwagen hielt
an. Da packte mich die absolute Panik, da ich jetzt auf meine
Gedanken hin tatsächlich den Teufel hergeholt hatte. Ich
streckte den Beamten mein geweihtes, silbernes Kreuz ent-

gegen und schrie immer wieder aus Leibeskräften: „Weiche Satan! Hau ab!“, wodurch ich die Beamten auch kurzzeitig einschüchtern konnte. Dann nahmen sie mir meinen Personalausweis zur Überprüfung weg. Einer dieser Höllenknechte fragte mich auf Englisch: „Do you walk on the other side?“ Ich ging sofort auf die andere Straßenseite, ohne großartig auf den Verkehr zu achten. Damals kam ich nämlich zu dem Entschluss, dass es in Frankreich verboten sei, auf der rechten Straßenseite zu gehen. Der Beamte wollte mich durch die Blume fragen, ob ich verrückt bin.Er folgte mir und holte mich wieder zurück. Als sie mich überprüft hatten, ließen sie mich zuerst wieder gehen. Zu diesem Zeitpunkt hatten sie aber schon meine Tasche, fuhren an mir vorbei und hielten mich erneut auf. Obwohl ich mein Kreuz fest umklammert hielt und ständig mit Worten das Böse abwehrte, führten sie mich zu ihrem Wagen und ließen mich auf dem Rücksitz einsteigen. Neben mir saß ein Schäferhund. Da erkannte ich, dass ich verloren habe und nun direkt in die Hölle kommen würde. Noch einmal sah ich die Lichter der Stadt.

Ich konnte auch sehen, verursacht durch eine weitere optische Halluzination, wie der Wagen von der Straße nach rechts abbog und steil nach unten fuhr.

Die Polizei beförderte mich zu einem Krankenwagen. Als sie mich in diesem Wagen auf die Liege legten, hatte ich die Halluzination, dass ich in einen Sarg gelegt werden würde. Ich bekam panische Angst und die Stimmen sagten: „Du wirst ersticken.“ Da hängte ich meinen rechten Fuß heraus, um das Schließen des Sargs zu verhindern, in Wahrheit aber behinderte mein Fuß die hintere Wagentür beim Schließen.

„Die hacken dir den Fuß ab“, kommentierten die Stimmen; so zog ich ihn doch wieder ein, worauf sie die Tür schlossen.

Absolute Dunkelheit umgab mich (der Sarg war ja nun geschlossen) und ich stand unheimliche Ängste aus. Würden sie mich lebendig begraben?

Ich wurde nach Lannemezan gebracht, in eine der modernsten psychiatrischen Kliniken in Frankreich, wie ich später erfuhr. In dieser Klinik angekommen dachte ich, dass ich jetzt in der Hölle wäre.

Nachdem ich auf eine Liege gelegt worden war, schloss ich meine Augen, um dem Bösen nicht zu verfallen. Die Ärztin untersuchte mich, redete immer wieder auf mich ein, dann fühlte ich den Einstich einer Nadel und kurz darauf eine heiße Welle, die meinen Körper durchlief. Ich dachte mir, dass ich dadurch in eine Schlange verwandelt werden würde. Irgendwann führten sie mich in einen Beobachtungsraum, wo ich entkleidet wurde. Während des Entkleidens sah ich, dass nur Männer um mich herumstanden. Die einzige Frau im Raum stand weiter weg. Da ich glaubte, in der Hölle würden sich alle gegenseitig in den Arsch vögeln, schrie ich zu der Frau: „Soll i di in Arsch neivögeln?", was sie aber, Gott sei's gedankt, nicht verstanden hat.

Nachdem Sie mir einen Schlafanzug angezogen hatten, verließen sie den Raum. Bald schlief ich ein, da ich mindestens vier Tage nicht mehr geschlafen hatte. Ich bekam damals Haldol, ein Neuroleptikum, das Standardmittel in der Psychiatrie zum Ruhigstellen und gegen die Halluzinationen. Am nächsten Tag bekam ich von der Ärztin, die sich mit mir in Englisch unterhielt, die Aufgabe gestellt, auf einem Blatt Papier niederzuschreiben, was ich erlebt hätte. In ganz großen Buchstaben sollte ich meine Telefonnummer notieren.

Daraufhin wählte sie meine Nummer und gab mir den Hörer. Mein Bruder war am Apparat, er und meine Eltern waren schon sehr besorgt, da sie lange nichts von mir gehört hatten. Ich sagte ihm, dass ich in einem Krankenhaus sei, das war mir inzwischen klar geworden. Im Anschluss teilte die Ärztin meinem Bruder auf Englisch mit, wo ich war und was ich hatte. Da mein Bruder aber nicht alles verstand, besorgte sich mein Bruder eine Französisch-Dolmetscherin und rief später noch mal bei dieser Ärztin an. Daraufhin flog mein Vater mit der Lebensgefährtin eines Onkels, die gute Englischkenntnisse besaß, nach Frankreich, um mich abzuholen.

Durch die Behandlung hatte ich deutlich weniger Halluzinationen. An viele Ereignisse in dieser Klinik kann ich mich nicht mehr erinnern, nur dass ich ein Einzelzimmer hatte und an die Mahlzeiten. Diese wurden in einem großen Speisesaal serviert und die vorgesetzten Speisen waren abwechslungsreich und wohlschmeckend. Ich dachte, bestraft zu werden, als ich einmal neben einem furchterregend aussehenden Höllengesellen saß, denn ich hatte zwischendurch immer wieder die Vorstellung, in der Hölle zu sein.

Wie ich Spritzen und andere Medikamente bekam, aufs Zimmer und ins Bett gebracht und am Morgen wieder geweckt wurde, daran habe ich keinerlei Erinnerung, wohl aber an ein Schachspiel mit einem Arzt. Denn die Ärztin hatte mir gesagt, dass sie einen Deutsch sprechenden Kollegen hat. Anscheinend, um meinen Zustand zu überprüfen, wollte dieser Arzt eine Partie Schach mit mir spielen. Ich verlor diese Partie nach ca. 15 Minuten, nicht etwa wegen der Psychose, sondern weil ich nur ein lausiger Schachspieler bin.

Als dann mein Vater eingetroffen war, dachte ich wieder, ich hätte es mit Halluzinationen zu tun und verlangte von den beiden, entweder zu lachen oder zu weinen. Damit wollte ich prüfen, ob es sich um Halluzinationen handelte, denn Halluzinationen haben ein Eigenleben und lassen sich nichts befehlen. Die Lebensgefährtin sagte darauf lebenserfahren, dass man nicht auf Kommando lachen oder weinen könne. So wusste ich, dass Sie real waren, trotzdem hatte ich noch immer Zweifel und sagte: „Ihr seids die Bease, I geh net mit eich mit!"

Wir flogen am nächsten Tag nach Deutschland, wo ich dann nach Günzburg verlegt wurde. Der Aufenthalt in dieser Klinik war gegenüber Lannemezan ziemlich schlecht, denn dort lag ich mit sieben anderen Personen in einem Beobachtungsraum. Die reale Angst, einer dieser Anderen wäre gewalttätig und würde mich schlagen oder mich gar abstechen, war vorhanden. Ich konnte nachts nicht schlafen wegen des Schnarchens der Anderen. Ich wurde vollgestopft mit Haldol und Valium.

Haldol hat nämlich viele Nebenwirkungen, wie zum Beispiel starkes Zittern an den Gliedmaßen (extrapyramidale Störungen), eine große innere Unruhe und bei höheren Dosen den teilweisen Verlust der Fähigkeit zu laufen.

Sie kamen öfters mit Spritzen und knallten sie mir in den Hintern.

Wie mein Vater, der mich täglich besucht hatte, öfters sehen konnte, ließen die Pfleger dabei vorher nicht einmal die Luft aus der Spritze, wie normalerweise üblich. Durch das viele Valium schlief ich auch tagsüber die meiste Zeit, nur merkte ich nie, dass ich immer wieder einschlief (ich konnte mich an diese Schlafphasen nicht erinnern) und war wie gerädert. Das Essen war nicht besonders und auch nicht die

Hygiene. Meine Eltern sahen, wie jeden Tag im Speisesaal vor dem Essen ein und derselbe Löffel immer wieder gefüllt und von Person zu Person gereicht wurde (hierbei handelte es sich wahrscheinlich um Haldol zur allgemeinen Ruhigstellung). Unter diesen Leuten waren auch eine 15-jährige Drogensüchtige und ein alter Mann, welcher Probleme mit dem Urknall hatte und diesen nicht verkraftete, aber meistens handelte es sich um junge Leute.

Ich bekam auch noch eine Nierenkolik, die Folge des wenigen Trinkens in Lourdes.

Zusammenfassend ist zu sagen, dass in Deutschland ein Aufenthalt in der Psychiatrie ziemlich schrecklich ist, man ist nur Spielball des Systems. Wie ich später erfuhr, ist allgemein die Behandlung in der Psychiatrie in Frankreich wesentlich humaner und menschenwürdiger. Von diesem „Kuchen" sollte sich die Psychiatrie in Deutschland ein großes Stück abschneiden.

Mein Klinikaufenthalt endete nach sechs Wochen, im Anschluss folgte eine ambulante Behandlung in engmaschigen Abständen (aber ohne Haldol).

Im Laufe von neun Monaten verlor sich das starke Zittern an Händen und Füßen (mit einem Hub von schätzungsweise 20 Zentimetern) durch die Einnahme von Anti-Parkinson-Mitteln (Akineton). Im Laufe dieser Monate bekam ich noch eine schwere Depression, welche mit einem neuen Mittel aus Amerika namens Fluctin mit dem Wirkstoff Fluoxetin behandelt wurde.

Dieser Wirkstoff war auch bei dem Todesfahrer der Prinzessin Diana im Blut festgestellt worden. Bei der Erprobung dieses Medikaments war es laut Beipackzettel auch zu Todesfällen gekommen, weswegen mich die Nervenärztin erst lange überreden musste. Die Depression hielt annähernd vier Monate an.

Im Sommer 1995 suchte ich mir dann in der Nähe eine neue Psychiaterin, die Halluzinationen kamen wieder, aber nicht mehr in dem Maße wie damals in Lourdes. Nach langem Hin und Her (denn ich wollte kein Haldol mehr) bekam ich ein Neuroleptikum mit weniger Nebenwirkungen namens Taxilan mit dem Wirkstoff Perazin. Kontinuierlich hatte ich immer wieder mal Halluzinationen, die sich aber dank meines neuen Medikaments in Grenzen hielten.

Dann Stand die Hochzeit meines Bruders an. Irgendwann später besuchte ich meinen Bruder und seine Frau. Schon unterwegs hatte ich Halluzinationen („Du bisch a Deppele!" usw.). Als ich bei ihnen am Tisch saß, sagten mir dauernd Stimmen, ich solle sie anlächeln, doch ich ließ mir nichts anmerken. Ich hatte gelernt, mich nicht von den Halluzinationen in meinem Verhalten beeinflussen zu lassen, ich war also unauffällig, wie es die Psychiater ausdrücken würden.

Am 29.7.1996 begann ich um 17.00 Uhr ein von mir entwickeltes Computerprogramm zu erweitern. Ich sitze davor, es geschieht nichts, da ich mich nicht konzentrieren kann. Kleinste Geräusche lenken mich ab. Ich denke dauernd daran, dass ich keine Leistung mehr erbringe und dass ich einfach versagen würde, falls ich jetzt arbeiten müsste. Ich habe immer dieselben Gedankengänge, die mir aber nicht erklären, warum das Programm beim Austesten immer abstürzt. Nach drei Stunden melden sich die Stimmen zum ersten Mal und lenken mich mehr und mehr von meiner

Tätigkeit ab. Nach vier Stunden muss ich die Programmier-
tätigkeit wegen mangelnder Konzentration abbrechen. Danach
wird mir bewusst, dass ich früher im Beruf dafür höchstens
eine Dreiviertelstunde gebraucht hätte. Einige Tage später
brachte ich dieses Programm dann doch noch zum Laufen,
konnte aber in der anschließenden Nacht nicht schlafen. Ich
stelle auch immer häufiger an mir fest, dass ich starr an einem
Platz verweile und grüble, ohne die jeweilige Tätigkeit fort-
zusetzen oder eine andere zu beginnen.

Bezüglich dieses starren Verweilens an einem Platz nannte
mich meine Mutter schon öfters „Buddha“. Manchmal er-
tappe ich mich dabei, wie ich mit meinem Kopf und Ober-
körper vor- und zurückwiege. Bis zu diesem Zeitpunkt hatte
ich bei 125 mg Taxilan täglich wochenlang Ruhe vor diesen
Halluzinationen, allerdings hatte ich in dieser Zeit auch nicht
programmiert. Die Stimmen gingen einher mit gottesläster-
lichen Gedanken und hielten sich konstant bis 23.00 Uhr, als
ich ins Bett ging. Beim Beten verschwanden die Stimmen
und auch die üblen Gedanken nahmen ab, aber eine halbe
Stunde später kehrten diese zurück. Im Folgenden konnte ich
drei Stunden lang nicht einschlafen, teils wegen eines Ge-
witters, teils wegen des Unvermögens, von den Programmier-
problemen abschalten zu können und vor allem wegen der
Stimmen, die doch recht laut waren und meine Angst wegen
den immer greller zuckenden Blitzen verhöhnten.

Auch am nächsten Morgen hatte ich wieder mit Stimmen zu
tun, kurzen Wortschwallen, welche ich aber meistens nicht
verstand. Die Halluzinationen hielten den ganzen Tag an,
obwohl ich nicht programmierte. Auch tags darauf hatte ich
relativ viele akustische Halluzinationen.

Da ich im Schnitt alle drei bis sechs Tage kurz am Computer arbeitete, hörte ich vor allem abends öfters Stimmen, die oft auf religiöse, sexuelle oder Geld betreffende Gedanken antworteten (stimmen üblen Gedanken zu) oder fast genauso oft sozusagen von selbst kamen. Die Stimmen lieben Böses und bestätigen mir dies in diesem Moment durch ein weiches „So isch es!". Immer wenn ich z.B. in den Nachrichten jemanden bemitleide, ärgert es ihn oder ich mir vornehme, etwas Gutes zu tun, sagt er sofort: „Duas net!" Wenn ich einen Gedanken an die Hölle habe, weiß ich, dass er sich daraufhin meldet. Dies bestätigt er mir jetzt wiederholt mit dem Satz „So isch es!". Die Stimmen sind auch oft zwar in normaler Lautstärke, aber so schnell gesprochen, dass ich sie nicht verstehe, auch oft, weil ich nicht darauf gefasst bin. Oft wird mir der Sinn auch erst einen Moment später deutlich.

Die Stimmen tun sich sozusagen leichter, synchron zu Hintergrundgeräuschen aufzutreten. Höre ich die Stimmen bei absoluter Stille, dann sind diese meistens klar zu verstehen.

Ich gerate in deutliche Furcht, falls die Stimmen mich nachts rufen oder gar wecken, wie schon öfters geschehen. Immer wenn die Stimmen da sind, verschwinden sie kurze Zeit nach Beginn des Lesens in der Bibel oder in meinem Gotteslob oder falls ich eine Kirche betrete. Nach Betreten einer Kirche verstummen die Stimmen, ohne dass ich beten muss. Kurze Zeit nach Verlassen der Kirche erscheinen die Stimmen meist wieder. Falls ich den Gedanken fasse, in eine Kirche zu gehen, bekommt der Stimm-Teufel, wie ich ihn nenne, Angst und fleht mich an, dies nicht zu tun. Ebenso verhält er sich bezüglich der Einnahme von Haldol, aber nicht bei Taxilan. Zu Taxilan bemerkte er trocken: „Des hilft net!" Auch hat er mir gesagt, dass er vor meiner Psychiaterin Angst hat. Wenn ich den Entschluss fasse, meiner Psychiaterin etwas mitzuteilen, rät er mir immer davon ab.

Oft reden sie auch zu zweit mit „I bin der Deifel, bet mi a!" und „Komm zu mir ind Hell!" auf mich ein. Beim Schreiben dieser Zeilen wird der Stimmteufel erst richtig munter. Darum höre ich wieder auf zu schreiben, damit er sich beruhigen kann.

Eins noch gesagt, beim Fernsehen kann ich dem Film oft gar nicht folgen (in den Einzelheiten), da ich nicht zwischen den begleitenden oder überlagernden Stimmen und der Realität unterscheiden kann. Allgemein gesagt, habe ich vor den Stimmen am meisten Ruhe, wenn ich abzuschalten versuche und mir keine Zwänge auferlege, nicht am Computer sitze, nicht fernsehe, mich nicht stresse.

Danach sah ich mir fast zwei Stunden lang mit meiner Mutter alte Bilder an. Ungefähr eine halbe Stunde nach Beginn dieser Tätigkeit ebbten die Stimmen ab und verschwanden. Nach den zwei Stunden hatte ich plötzlich einen gegen Gott gerichteten, stark unreinen Gedanken, worauf sich die Stimmen sofort mit mehreren Bravorufen meldeten, worauf ich den Gedanken fasste, Taxilan zu nehmen. Die Stimmen sagten sofort „Nimms net" (sie hatten anscheinend doch Angst vor Taxilan), „Schwein" und „du Schwein". Darauf sagte ich zu meiner Mutter: „Jetzt hat er grad zu mir gsagt – du Schwein", worauf er mir sagte: „Des war i."

Nach der Einnahme von Taxilan sagte er noch öfters zu mir: „I haß di!" Dann waren die Stimmen plötzlich wieder weg.

An diesem Abend dachte ich wieder viel darüber nach, dass meiner Meinung nach aufgrund der Themen und der vorgetragenen Art es sich bei den Halluzinationen wirklich um die Beeinflussung eines realen Teufels handelt, der mich von

Gott und vom Glauben entfernen und auf seine Seite ziehen will. Dazu passen auch meine Erfahrungen bezüglich des Betretens von Kirchen wie die Faust aufs Auge. Gleichzeitig setzten wieder stark die üblen Gedanken ein, anscheinend ausgelöst von der Idee, warum Gott das zulässt, welche mich fast zwei Stunden quälten und die ich nicht unterdrücken konnte. Ich konnte einfach nicht an nichts denken, die Gedanken (lauter Schimpfworte und beleidigende Ausdrücke) kamen in unheimlich schneller Folge und waren nicht zu kontrollieren.

Oft dachte ich mir schon, dies sei der totale Wahnsinn, andererseits wundert mich selber meine heitere Art bei den Psychiaterterminen, da ich häufig mit Attacken dieser unreinen Gedanken zu kämpfen habe und Zuhause eigentlich oft bedrückt bin, auch wie es weitergehen soll, und ob ich schon verloren habe.

Mir drängen sich seit 2 Jahren, mal schwächer, mal stärker, üble, gegen Gott gerichtete, Gedanken auf. Das ist für mich sehr schlimm, denn ich bin gläubig und diese Gedanken versuchen, mich auf die Seite des Bösen zu ziehen. Mir kommt sehr oft der Name Satan oder Teufel in den Sinn und ich muss meine ganze Kraft aufwenden. Ich führe einen inneren Kampf und brauche oft zehn Minuten, um diese Gedanken los zu werden.

Dabei denke ich dann krampfhaft immer wieder an den heiligen Geist. Für den Satan habe ich ein Ersatzwort geschaffen, um nicht immer diesen Namen zu denken, der lautet „Scheißzahn".

Auf den aufgedrängten Gedanken Satan denke ich sofort: „Den Scheißzahn brauch mer net. Scheiß auf des Böse. Bau auf Gott. Ich bet nix Böses an." Auch besinne ich mich immer wieder an den heiligen Geist.

Diese Gedanken (auch schlimmere, welche ich aber nicht nennen möchte, da sie gotteslästerlich sind) drängen sich mir anfallartig bei allen möglichen Gelegenheiten auf, insbesondere dann, wenn ich programmiere oder auch, wenn ich mit anderen Leuten rede. Meine Abwehrgedanken lasse ich ständig im Hintergrund laufen, so zum Beispiel beim Treppensteigen auf jeder Stufe („Heiliger Geist"), wie automatisch, um jederzeit einem Angriff gewappnet zu sein. Ich denke bis zu hunderte Male am Tag „Heiliger Geist". Diese aufgezwungenen Gedanken bedrücken mich.

Nach kurzer Zeit beim Programmieren oder beim Lesen von Fachbüchern meldet sich der Stimmteufel, wie ich ihn nenne. Zuerst meldet er sich mit „Kann'sch mi höra?", dann mit „I bin der Deifel, bet mi a!" und „Komm zu mir ind Höll!". Ich habe beim Betreten einer Kirche immer gemerkt, dass die Stimmen sofort weg sind und auch weg bleiben, solange ich mich darin aufhalte. Dies und vieles mehr bringt mich zu dem Glauben, dass hinter den Stimmen und Gedanken ein realer Teufel steckt, der mich ständig versucht und geistige Sünden begehen lässt, was mich auch zu dem Selbstmordversuch während eines Gottesdienstes in Lourdes brachte und mich dadurch in die ewige Verdammnis schickt.

Am 5.4.1997 wachte ich gegen 7.00 Uhr auf und hörte die Leute auf der Straße zu mir herauflachen und über mich reden. Dann hörte ich, wie sich mein Bruder mit meinem Vater unterhält, etwa fünf Minuten, das überraschte und freute mich, denn mein Bruder wohnt nicht bei uns. So stand ich auf, um ihn zu begrüßen, aber es war niemand da, und mein Vater lag auch noch im Bett.

Drei Tage später war ich bei meiner alten Firma in der Nähe von München, wo ich unter anderem 90 Minuten bei einem Arbeitskollegen saß, der mir erklärte, woran er gerade arbeite. Ich verstand fast nichts, konnte ihm wegen der unreinen Gedanken und des „Heiligen Geistes" auch nicht folgen. Außerdem hörte ich plötzlich eine tiefe und laute Stimme, etwa in der Art „Des kapiersch eh net". An diesem Tag hörte ich abends noch öfters Stimmen, welche ich aber meistens nicht verstand.

Die Stimmen tun sich sozusagen leichter, synchron zu Hintergrundgeräuschen aufzutreten. Höre ich die Stimmen bei absoluter Stille, dann sind diese meistens klar zu verstehen. Ich gerate in deutliche Furcht, falls die Stimmen mich nachts rufen oder gar wecken, wie schon öfters geschehen. Manchmal habe ich optische Halluzinationen, so zum Beispiel, dass mir beim Autofahren wildfremde Leute beim Vorbeifahren zuwinken, worauf ich anfangs dann auch winkte, oder dass große Spinnen plötzlich erscheinen, ein paar Zentimeter kriechen und dann wieder verschwinden. Einmal bestand nach dem Aufwachen meine Bettdecke aus lauter Papierspitztüten (ca. zehn Zentimeter hoch).

In der Nacht zum 3.1.1998 wachte ich auf und lag eine Weile wach, als mich plötzlich eine Hand an der Schulter berührte und ich sah, dass der Vorhang, den ich ums Bett hängen habe, von der Hand bis an meine Kleidung und Schulter verschoben worden war. Als ich mich aufsetzte, verschwand die Halluzination sofort, aber vielleicht drei Minuten später wiederholte sich die Halluzination.

Diese Tasthalluzinationen, die ich zu Beginn der Psychose nicht hatte, sind total real und machen mir nachts ziemlich Angst.

Vorgestern Nacht lag ich wach auf der Seite. Plötzlich spürte ich, dass ich federleicht wurde, mich vom Bett gelöst hatte und spürte und sah, wie ich mich auf die Decke zubewegte. Als ich oben war, sank ich wieder langsam runter ins Bett. Dieser Vorgang lief genau drei Mal direkt hintereinander ab.

Seit ich im August 1998 ins neue Haus eingezogen war, sah ich sehr oft in der Nacht nach dem Aufwachen, wie sich die Tür meines Zimmers eine Kopfbreite öffnete und ein Gesicht hereinsah. Diese optische Halluzination hielt sich aufrecht, solange ich sie betrachtete. Sobald ich aber weg- und darauf wieder hinsah, war sie verschwunden und alles war wieder normal. Da mir dieser Umstand des Nachts Angst bereitete, sah ich nach den ersten Erscheinungen dieser Art, welche sich fast täglich wiederholten und es auch bis heute noch tun, lieber gleich weg.

Als ich am 19.7.1998 wegen der Entfernung eines Warzenherdes an der Fußsohle im Zentralklinikum Augsburg lag (diese Entfernung wurde nur unzureichend durchgeführt, weswegen diese innerhalb der folgenden zwei Monate nachwuchs und mir bis heute trotz Anwendung zahlreicher Mittelchen geblieben ist), bestellte ich mir einen Pfarrer aufs Zimmer, der mit mir betete und mir die Kommunion gab. Während der ganzen Zeit des Betens drängten sich mir Verballhornungen der Gebete auf, trotz intensivsten Bemühungen, dies nicht zu tun. Ich schämte mich sehr, aber in meinem Kopf tobte ein Krieg der unreinen Gedanken mit dem Guten in mir, und wie ich aus Erfahrung wusste, konnte ich die Gedanken nicht abstellen und auch die Medikamente halfen mir nicht dagegen. Aus dem gleichen Grund schämte ich mich davor und hatte die ganzen Jahre Angst, einen Gottesdienst zu besuchen, da ich ja als Christ der Überzeugung bin, dass Gott meine Gedanken hören kann und Gott gerade in der Kirche während der Messe präsent ist. Obwohl ich dies dachte, wollte ich es einmal versuchen und durfte mich vom Gegenteil überzeugen lassen. Ich war gerade in Augsburg und ging in eine Kirche, wo nach kurzer Zeit eine Messe abgehalten wurde. Zuvor schon plagten mich diese üblen Gedanken, aber in der Kirche verloren sie die Macht über mich und verschwanden, worüber ich sehr froh war. Trotzdem blieb einfach die Angst, bei Kirchenbesuchen durch die unreinen Gedanken aufzufallen, denn ich dachte, es wäre Heuchelei zum einen meine Anwesenheit in der Kirche und zum anderen diese sich mir aufdrängenden üblen Gedanken zu haben.

An Weihnachten 1998 bekam ich wieder diese schlimmen gegen Gott gerichtete Gedanken. Das schmerzte mich vor allem beim Zusehen des vom Fernsehen übertragenen Gottesdienstes mit dem Papst und dem Segen „Urbi et Orbi". Diese Gedanken brachten mich wieder zu der Erkenntnis, ich sei ein Heuchler, da sie meine Zuwendung zu Gott, meinen Glauben an den wahren Sinn des Weihnachtsfestes und meine Freude über die Geburt des Herrn verhöhnten. Diese ständigen Gedanken, welche sich mir in Sekundenabständen aufdrängten, machten mich fertig, demoralisierten mich. Ich kann mir keine größere Psychofolter vorstellen als diese unreinen Gedanken, von der ersten Minute des Wachseins bis zur letzten Minute vor dem Einschlafen. Da wächst die Angst vor dem nächsten Tag ins Riesenhafte. Und diese Gedanken hielten über zwei Wochen an, sie waren wesentlich schlimmer als alle Halluzinationen.

Diese üblen Gedanken verfolgten mich die letzten vier Jahre, mal mehr und mal weniger, teils in mehrwöchigen Schüben mit voller Kraft, aber auch kontinuierlich über größere Zeiträume in relativ schwacher Dosis, seltsamerweise aber immer beim Zählen. Ich kann nicht mal bis zehn zählen, ohne davon gestört und unterbrochen zu werden; darum mag ich keine Tropfen als Medikamente, weil ich mich ständig verzähle.

In den letzten Jahren hatte ich es nicht nur mit Teufelsstimmen zu tun, sondern der Teufel manifestierte sich auch in meinen immer wiederkehrenden Träumen und verfolgte mich. Oft betete ich zu meinem Schutz im Traum das „Vater Unser" oder ein „Ave Maria", aber auch im Traum konnte ich diese Gebete oft nicht rein sprechen und wurde deshalb in die Hölle geschickt. Nun will ich von so einem Traum berichten:

Zuerst war in einer Art Hörsaal eine große Menge von Leuten versammelt, darunter auch ich, zu denen der Teufel sprach. Dann wurden die Leute in verschiedene Räume getrieben, ich wurde mit rund 30 Anderen in einen Raum gebracht, wir sollten zu Aufsehern gemacht werden. Aber da fing ich laut an zu beten, es war ein „Vater Unser", aber es klappte nicht ganz. Da erzürnten sich die Anderen und sagten, dass zur Strafe auf das Beten alle mit körperlichen Qualen zu rechnen hätten. Ich hatte die Fähigkeit, durch geschlossene Fenster zu gleiten und versuchte daraufhin einige Male zu entkommen, aber draußen waren die Höllenhunde immer zur Stelle und vereitelten meine Flucht. Wegen meines Betens wurde ich in die Küche versetzt, wo ich, am Boden schön aneinander aufgereiht, schätzungsweise 20 größere Fleischbrocken sah. Ich verspürte Angst und sah sofort warum. In einer Ecke lagen noch blutige Reste von Schuhen mit Inhalt. Da wusste ich, was hier aufgetischt wird und ich weigerte mich zu essen und fing wieder an zu beten.

Sogleich verfolgten mich die Höllengesellen und der Teufel. Ende des Traums.

Solche Träume träume ich in Etappen, da ich dazwischen immer wieder wach werde. Etwa bis zu vier Minuten nach dem Wachwerden gehen diese Verfolgungen in Form von optischen und akustischen Halluzinationen weiter. Einige sind vielleicht der Meinung, ich würde weiterschlafen und das nur träumen, aber ich erkenne deutlich den Unterschied und weiß, dass ich wach bin, meistens sehe ich dann auf die Uhr. Sind die Halluzinationen vorbei und habe ich mich dann beruhigt, habe ich Angst vor dem Einschlafen und Weiterträumen. Meistens sind diese Ängste berechtigt, denn dann träume ich weiter vom selben Thema. Diese Albträume mit Halluzinationen scheinen sich zu häufen.

Dieses Werk entstand im Laufe der Jahre. An den Tagen, an welchen ich daran schrieb, war ich so aufgewühlt, dass ich in den darauf folgenden Nächten nicht schlafen konnte. Grundsätzlich benötige ich ca. zwei Stunden zum Einschlafen, wenn ich aufgewühlt bin, so werden es beinahe vier Stunden trotz Schlafmitteln. Einmal machte ich ein Experiment und setzte die mir verordneten 275 mg Taxilan ab, mit der Folge, dass ich überhaupt nicht mehr schlafen konnte. Meine Psyche hielt mich tagelang wach, was auf eine Art Überaktivität im Gehirn zurückzuführen ist, weswegen ich nach drei Tagen diesen Versuch abbrechen musste.

An dieser Stelle will ich noch klarstellen, was unter den Halluzinationen zu verstehen ist. Der Laie denkt, der Betroffene würde fantasieren (sich das also nur einbilden), doch der Betroffene halluziniert (d.h., er sieht und hört diese von der Wirklichkeit abweichenden Dinge, die für ihn aber völlig

real und normal sind, meistens aber nur durch ihren Inhalt
befremdlich erscheinen). Viele Betroffene besitzen nicht die
Fähigkeit, zu abstrahieren; sie können also ihre Halluzinationen
nicht als solche erkennen und leben so auf Dauer in ihrer
„Scheinwelt".

Zusammenfassend möchte ich sagen, dass die Bewältigung
dieser Ereignisse sehr schwierig und lang andauernd ist. Mein
Leben teile ich automatisch in vor Lourdes und nach Lourdes
ein. Wichtig ist, dass ich überlebt habe und ich verdanke es
Gott und der Gottesmutter Maria, die mich heil heimgeführt
haben. Amen.

NACHWORT

Der Autor Magnus Gunnarson, von Beruf Diplomingenieur Informatik, erkrankte bereits zwei Jahre vor Lourdes an einer schweren Autoimmunerkrankung, an der er heute noch leidet, welche mit Chemotherapien und Cortison behandelt wird und die nur sehr schwer heilbar ist. Die Psychose ist eine Folge dieser Chemotherapien mit dem Medikament Endoxan. Wehe dem, der zu den betroffenen, ca. sechs Prozent zählt.

Der Autor

Magnus Gunnarson wurde 1962 geboren. Er
absolvierte ein Studium der Elektrotechnik, das
er als Diplom-Ingenieur abschloss. Ab April 1991
war er als Software-Entwickler tätig, seit Oktober
1995 ist er Frührentner. Neben dem Schreiben
gehört das Programmieren zu seinen großen
Hobbys, außerdem liebt er die Serien des Star-Trek-
Universums.